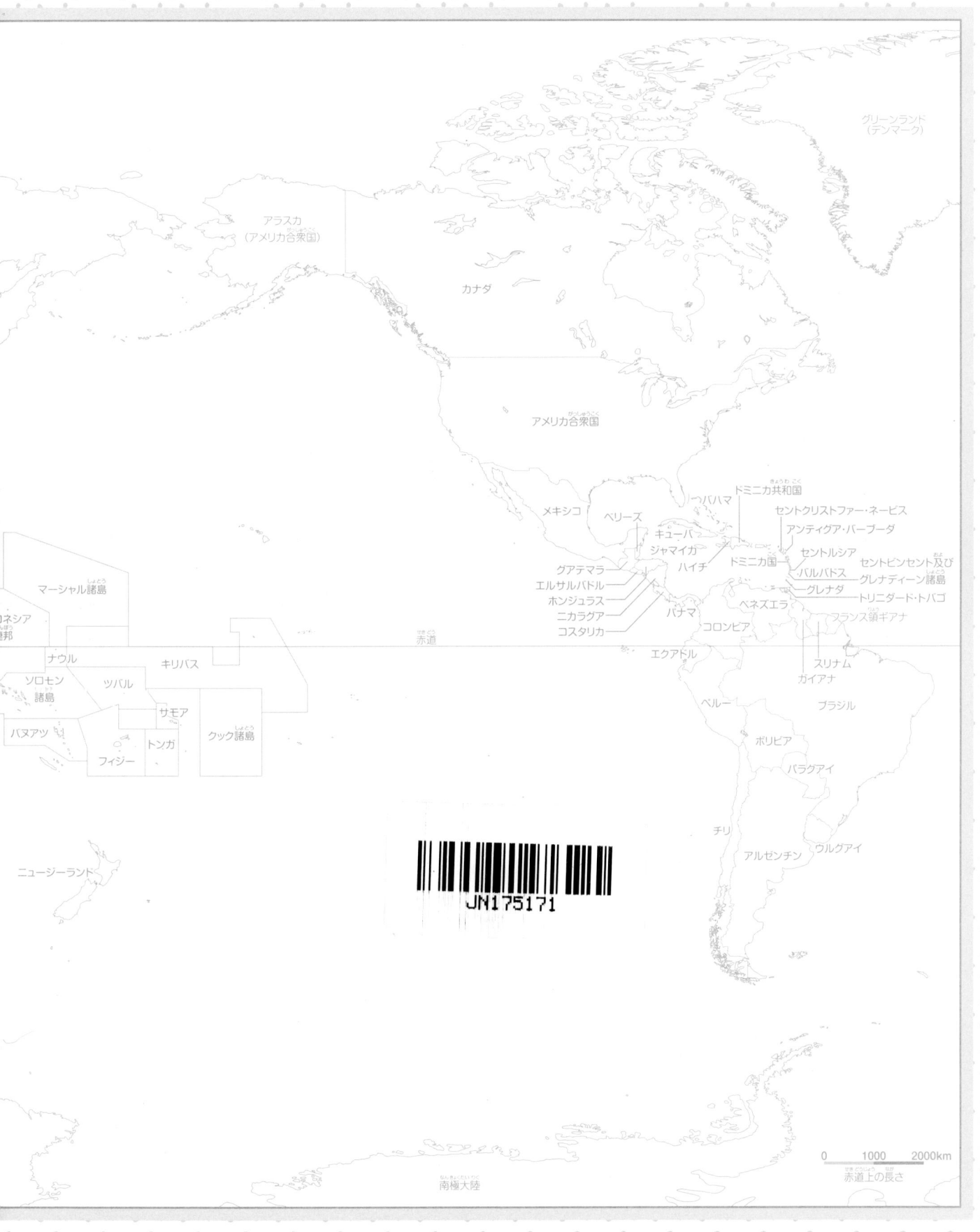

グリーンランド
(デンマーク)

アラスカ
(アメリカ合衆国)

カナダ

アメリカ合衆国

メキシコ

ベリーズ

ドミニカ共和国
バハマ
キューバ
セントクリストファー・ネービス
アンティグア・バーブーダ
ジャマイカ
グアテマラ
ハイチ
ドミニカ国
セントルシア
エルサルバドル
バルバドス
セントビンセント及び
ホンジュラス
グレナディーン諸島
ニカラグア
グレナダ
トリニダード・トバゴ
コスタリカ
パナマ
ベネズエラ
フランス領ギアナ
コロンビア
スリナム

マーシャル諸島

赤道
エクアドル
ガイアナ

ネシア
連邦
ナウル
キリバス
ペルー
ブラジル

ソロモン
諸島
ツバル
ボリビア

バヌアツ
サモア
クック諸島
パラグアイ

フィジー
トンガ

チリ
ウルグアイ
アルゼンチン

ニュージーランド

0   1000   2000km
赤道上の長さ

南極大陸

JN175171

池上彰 監修！
国際理解につながる宗教のこと

1

宗教のナゼナゼ

この本を読むみなさんへ

　あなたは、ふだん、宗教というものを、どれくらい意識しているでしょうか。多くの人は、「宗教なんて、ほとんど意識していないし、あまり考えたこともない」と思っているのではないでしょうか。学校の授業には「宗教」はありません。家でも宗教のことを話題にする人はそう多くないようです。でも、私たちのくらしの中には、宗教と関係したことが意外に多いのです。

　例えば、節分やクリスマスなどの年中行事。これらの多くは、宗教と関係があります。また、お正月に神社に行って「今年も健康に過ごせますように」などと願うことも、宗教と関係しています。私たちが受けついできた文化の中には、意識しなくても宗教に関することが意外とたくさんあるのです。

　外国ではどうでしょうか。国によって程度の差がありますが、人々が、まったく宗教と関係なく暮らしている国はほとんどないと言ってよいでしょう。世界の人々は、宗教と関わりをもって生きているということです。

　宗教は、昔から、人がどう生きるか、どう暮らすかを決めるもとになってきました。そのため、宗教が原因で戦争になったこともあります。現在でも、宗教に関係して争いや対立が起こることもあります。世界の動きや国と国の関係を理解するために、「宗教」という目で見ると、なぜ今の世界がこうなっているかがわかることもあります。このシリーズでは、国際理解がしやすくなるように、宗教を考えていきます。

　この巻では、「宗教のナゼナゼ」として、まず、私たちの身近にあることで、実は宗教と関係していることを取り上げ、どのように関係しているかを考えます。次に、主な宗教には、どのような特ちょうがあるかを探ります。そして、三大宗教と呼ばれる、キリスト教と仏教、イスラム教を比べてみます。宗教というものがどのようなものかについて、ともに考えてみましょう。

監修　池上彰

1950年、長野県生まれ。大学卒業後、NHKに記者として入局する。社会部などで活躍し、事件、災害、消費者問題などを担当し、教育問題やエイズ問題のNHK特集にもたずさわる。1994年4月からは、「週刊こどもニュース」のおとうさん役兼編集長を務め、わかりやすい解説で人気となった。現在は、名城大学教授。
おもな著書に、『一気にわかる！池上彰の世界情勢2017』（毎日新聞出版）、『池上彰の世界の見方：15歳に語る現代世界の最前線』（小学館）、『伝える力』（PHP研究所）、『池上彰の戦争を考える』（KADOKAWA）がある。

＊このシリーズは、2017年1月現在の情報をもとにしています。

もくじ

お正月に雑煮を食べるのはなぜ？

お正月には、さまざまな習慣があります。中でも、雑煮を食べたり、鏡もちをかざったりと、もちに関係する習慣が思いうかびます。お正月のもちには、どんな意味があるのでしょうか。

©PIXTA

雑煮

お正月に食べる雑煮。もちのほかに、肉や野菜などが入っている。

©PIXTA

鏡もち

正月かざりの鏡もち。下にウラジロ（植物のシダ）をしいて丸もちを重ね、ダイダイ（みかん類）をのせる。

神道　もちを食べて神様の力を授かる

昔の日本では、米づくりが農業の中心で、米からつくるもちは、大切な食べ物と考えられていました。

昔の人は、お正月に神様にもちをそなえ、その力が宿ったもちを食べることで、神様の力をいただくと考えていました。雑煮を食べることには、このような意味があるのです。こうした考えは、神道という、日本の宗教と関係があります。

鏡もちは、もちを丸い鏡に見立て、神様にそなえるもの。鏡は、光をはね返すことから、作物を育ててくれる太陽を表しているとも考えられていました。

おもちパワーじゃ！

神様の力をもらって、一年を健康に暮らせるようにと願ったんだよ。

大昔の鏡。銅製で丸く、宗教の儀式に使われたとも考えられている。

所蔵／文化庁　写真／島根県立古代出雲歴史博物館

お正月は神様をむかえる行事

お正月が楽しみです。

お正月には、それぞれの家に、年神様という神様がやってくるとされています。年神様は、祖先の霊であるとか、農業の神様だとか、地方によって、さまざまに言い伝えられています。

新年を前に大そうじをし、門松を立て、もちをつくのは、どれも、年神様をむかえるための準備です。そして、お正月の間（1月1〜7日）は、年神様をおもてなしする期間とされています。

昔のお年玉はもちだった

昔は、年神様にそなえたもちを、目上の人から目下の人にあげることで、神様の力を分けあたえるという習慣がありました。これが、お年玉の本来の意味です。もちがお金に変わったのは、江戸時代からと言われています。

神様の力をあげよう。

わあい。

うれしいな。

もちが使われる行事

お正月のほかにも、もちに関係する行事があります。子どもが満1歳になった時に、大きな丸もちを背負わせたりする習慣は、子どもの健康を願うもので、「力もち」と呼ばれます。3月3日のひな祭りにかざる三色のひしもちは、女性を表すとされています。

力もち

ひしもち

各地で特色のある雑煮

雑煮のもちが丸もちか角もちか、こげ目をつけるかつけないかは、地域によってちがいます。また、しょうゆ味か白みそじたてか、具に何を使うかにも特色があります。

私たちが食べる雑煮は、それぞれの地域で、長い間守られてきたものです。

関西地方（京都）の雑煮。丸もちをそのまま入れる。白みそで味つけし、八頭（さといも）、焼き豆腐などを入れる。©PIXTA

東北地方（岩手）の雑煮。角もちを焼き、だいこん、にんじん、ごぼうなどとともに入れる。くるみだれをつけて食べる。©PIXTA

四国地方（香川）の雑煮。あんの入った丸もちを入れる。白みそで味つけする。©PIXTA

おみこしの中には何があるの？

お祭りの時には、おみこしをかつぎ、いせいよく練り歩いたりします。おみこしにはどのような意味があるのでしょうか。中には何かあるのでしょうか。

そいや！
そいや！

東京の浅草にある浅草神社のお祭り（三社祭）のようす。大勢でおみこしをかついで練り歩く。

写真／浅草神社

神道　おみこしは神様の乗り物

おみこしは、「こし」に、「お」「み」というていねいな言い方のことばをつけたものです。「こし」とは、天皇など、身分の高い人が乗るための乗り物です。

祭りには、ふだんは遠くにいる神様を呼び寄せ、その力をいただくという意味があります。やってきた神様をおみこしに乗せて回り、その力を人々にあたえたのです。

神様が乗るとされるので、おみこしの中は、人が座るようなつくりになっています。何かが入っているわけではありません。

神様の力をみんなに

山車やだんじりも、神様の乗り物

お祭りの時には、おみこしのほかに、きれいにかざられた屋台がひかれることがあります。東日本では山車、西日本ではだんじりと呼ばれるもので、もともとは神様の乗り物でした。やがて、神様の乗り物はおみこしとされるようになり、山車やだんじりは、神様のおともをするものとなりました。

明治時代以後、街に電線が張られようになると、山車は通りにくいので、都市部では少なくなりました。

山車

大阪府岸和田市のだんじり。たくさんの人々が、いせいよくだんじりをひく。
写真／岸和田市

> おみこしをかつぐ時は、全員が心を合わせることが大事だよ。

おみこしをかつぐ時の声

おみこしをかつぐ時は、「わっしょい」「そいや」「エッサ」などという声を出します。

「わっしょい」は、「和し背負え（なかよく背負いなさい）」、「そいや」は「添えや（力をそえなさい）」という意味だと言われています。

おみこしをゆさぶるなど、あらあらしくかつぐことで、神様の力が高まるとされています。

わっしょい！わっしょい！ そいや！そいや！ エッサ！エッサ！

神様の力を借りるうったえ

平安時代には、神社や寺院が、朝廷（政府）に、いろいろなうったえをすることがありました。

寺院の僧などが、おみこしをかついでうったえをし、聞き入れられないと、おみこしを置いていくことも多かったようです。おみこしには神様が乗っているとされるので、朝廷もあつかいに困り、しかたなくうったえを聞き入れるしかなかったのです。このようなうったえは、強訴と言われます。

おみくじは当たるの？

神社でおみくじを引いたことがありますか。おみくじは、自分の運をうらなうものと思われていますが、書いてあることは当たるのでしょうか。

箱から数字が書いてある木の棒を引き、その数字と同じ数字のおみくじをいただくのが一般的。

©PIXTA

大吉、吉、凶、大凶などのことばと、運勢が書いてある。

©PIXTA

神社には、おみくじを結んでおく場所が設けられていることもある。

©PIXTA

神道 神様の考えを表したもの

おみくじは、おみこしと同じように、「くじ」をていねいに言った言葉です。

昔は、政治のしかたなどの大切なことがらは、神様の考えを聞き、それに従って決めることがありました。

神様の考えを聞くには、神主さんやみこさんのような人を通したり、うらないの方法をとることがありました。

現在のおみくじも、神様の考えを聞くことに変わりはありません。当たる、当たらないというより、結果がよい時ははげみに、悪い時はいましめにするというのが、おみくじの正しい受け取り方です。

私の考えを伝える。

神様の考えを聞く

おみくじを結ぶのはなぜ？

持ち帰っても
いいですよ。

神社で引いたおみくじは、内容を読んだ後で、木などに結ぶことがあります。これには、「結ぶ」ということによって、神様と縁を結ぶという意味があると言われています。

また、木には神様が宿っているので、木の生命力をもらって、願いがかなってほしいという期待がこめられているともされます。

ただし、必ず結ばなければいけないわけではなく、おみくじを持ち帰ってもかまいません。

神様の考えで自分を納得させる

神様の言う
とおり。

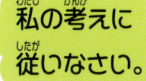

私の考えに
従いなさい。

人間は迷いが
多くて、なか
なか決断でき
ないんだね。

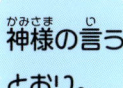

人間が何かを決めなければならない時、どうすればよい結果につながるかはわかりません。決断がまちがっていて、後かいすることもあるでしょう。

そんな時、自分の意思ではなく、神様の意思で選んだということにすれば、納得ができるでしょう。おみくじやうらないには、そのような意味もあると考えられます。

くじで決まった将軍

室町時代前期の1428年、幕府で最も地位の高い将軍が、あとつぎを決めないまま、亡くなってしまいました。

家臣たちは、話し合いの結果、4人の候補者の中から、くじ引きで次の将軍を決めることにしました。その結果、足利義教が第6代将軍に選ばれました。

このように大事なことをくじで決めたのは、くじの結果が神様の考えとされていたことを物語っています。

あたった!!

節分に豆まきをするのはなぜ？

2月の初めの節分では、家などで豆まきをします。鬼のかっこうをしたり、鬼のお面をつけたりした人に向かって、豆をまく行事です。豆まきにはどのような意味があるのでしょうか。

鬼に向かって豆をまく

幼稚園で豆まきをしているようす。

写真／市川学園西の原幼稚園

成田山 せつぶんえ

福豆まき式場

寺院では、歌舞伎役者や大ずもうの力士などの有名人が豆まきをすることもある。

写真／成田山新勝寺

仏教・神道 悪いものを追いはらう

節分は、立春の前の日をさし、2月3日ごろに当たります。昔は、季節の変わり目には、わざわいが起こると考えられ、それを追いはらう行事が行われていました。わざわいを形にしたものが鬼で、豆をぶつけることによって鬼＝わざわいを追いはらうという意味があるのです。

この行事は、仏教の寺院でも、神道の神社でも行われ、それぞれ、節分会、節分祭と呼ばれます。

豆でわざわいが去るように

節分は、季節の変わり目

　節分というのは、もともとは、春、夏、秋、冬が始まる日の前の日をさしていました。節分は、季節の「節目」という意味なのです。

　昔は、立春を1年の始まりとする考え方もあり、その場合は、立春の前日の節分は、1年の最後という大事な節目の日に当たります。1年の最後の日に、豆まきをしてわざわいを追いはらい、新しい年をむかえるという意味があったとも考えられます。

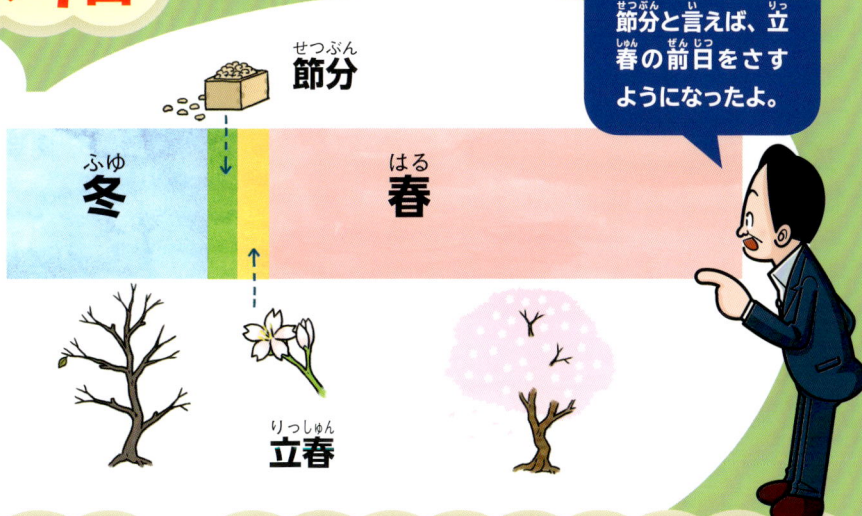

江戸時代からは、節分と言えば、立春の前日をさすようになったよ。

節分

冬　春

立春

豆の生命力で元気に

　豆などの穀物は、昔から主食として食べられ、生命力があると考えられていました。さらに豆には、わざわいを追いはらう力があるとされていました。豆まきの後、豆を拾って年の数だけ食べると元気で過ごせると言われますが、これも豆の生命力のおかげだと考えられていたのです。

元気に。

イワシの頭とヒイラギ

　現在はあまり行われないようですが、節分の日には、家の入り口に、ヒイラギの葉に焼いたイワシの頭をさして立てておく習慣があります。ヒイラギのとがった葉が鬼の目をさし、イワシのくさいにおいを鬼がいやがるからだと言われます。

くさい!

鬼はどこから生まれた？

　「鬼」という漢字には、もともとの中国では、「死んだ人のたましい」という意味があります。

　いっぽう、日本では、目に見えない霊を「オニ」と呼んでいました。これが「鬼」という字と結びつき、わざわいを起こすものを、鬼という目に見えるものとして表したと考えられます。

　昔話でも、桃太郎や一寸法師など、悪さをする鬼を退治する物語が多くあります。

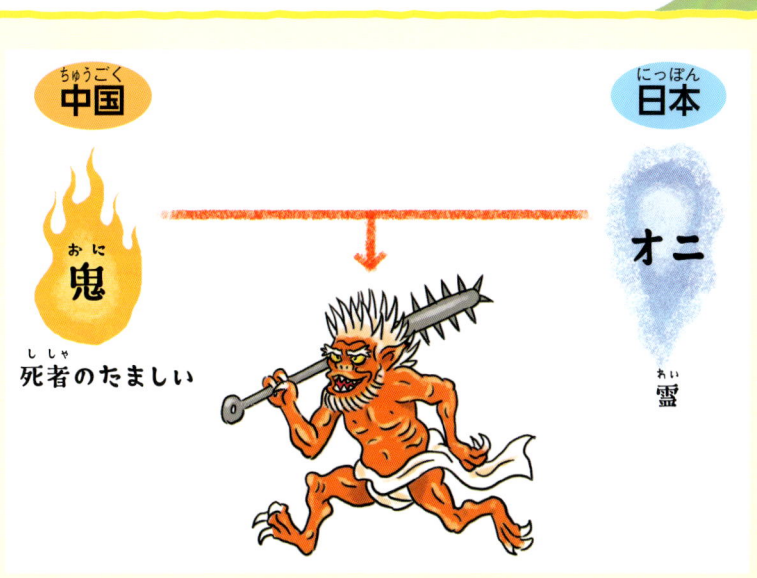

中国　日本

鬼

死者のたましい

オニ

霊

11

盆おどりをするのはなぜ？

夏のお盆の時期には、地域の人たちが集まって盆おどりが行われます。
お盆は、どのような行事で、盆おどりにはどのような意味があるのでしょう。

地域で行われている盆おどり。

写真／東京都中央区広報課

仏教　盆おどりで先祖の霊をむかえる

お帰り
なさい！

お盆に、ご先祖様の霊がやってくる

　古くから日本では、夏のお盆の時期に、先祖の霊があの世からこの世にやってくると考えられていました。
　盆おどりには、先祖の霊をむかえ、生きている人たちとともに楽しくおどり、再びあの世に帰ってもらうという意味があります。
　いっぽう、仏教では、夏に、先祖の霊を供養する盂蘭盆会という行事がありました。日本の風習と盂蘭盆会が結びつき、年中行事のお盆として定着したと考えられています。

お盆はどんな行事なの？

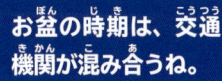

お盆の時期は、交通機関が混み合うね。

お盆は、旧暦（江戸時代まで使われていたこよみ）の7月15日を中心とした時期に行われていました。現在は、8月15日前後に行われるのが一般的ですが、7月15日前後に行う地域もあります。

先祖の霊をむかえるために、火をたき、きゅうりやなすで、霊の乗り物をつくります。霊をあの世に送る時には、送り火をたきます。

現在、お盆の時期は、会社なども休みになることが多く、夏の休暇として、多くの人が、都市部から地方の実家に帰ります。

盆おどりの始まりはおどり念仏

念仏を唱えながらおどった

平安時代に、空也という僧が、太鼓やかねなどで音を出し、念仏を唱えながらおどる「おどり念仏」を始めました。

鎌倉時代には、一遍という僧が、おどり念仏を各地に広めました。

このおどり念仏が、先祖の霊をむかえるというお盆の行事と結びつきました。室町時代は、にぎやかではなやかな盆おどりが行われました。江戸時代には、さらにさかんになり、各地で特色のある盆おどりが行われるようになったのです。

なむあみだぶつ

なむあみだぶつ

各地の特色ある盆おどり

全国各地に、特色のある盆おどりがあります。三味線や太鼓に合わせておどりながら町を練り歩く徳島県の阿波おどり、太鼓を持ってはでなおどりをする沖縄県・鹿児島県のエイサーは、よく知られています。

写真／徳島市

阿波おどり（徳島県）。

写真／沖縄観光コンベンションビューロー

エイサー（沖縄県）。

葬式でお経をあげるのはなぜ？

だれかが亡くなると、葬式が行われます。葬式では、多くの場合、僧（お坊さん）がお経をあげます。葬式でお経をあげるのは、どんな意味があるのでしょうか。

葬式のようす。祭だんがつくられ、その前でお経があげられる。式に参列している人もお経を唱えることがある。
©PIXTA

©PIXTA

お坊さんがお経をあげるのは、仏教のやり方だ。

仏教　死んだ人が極楽へ行けるように

日本の葬式で多いのは、仏教のやり方で行われるものです。

仏教のお経は、ブッダ（仏教を開いた人）が説いた教えがまとめられています。お経を唱えることによって、亡くなった人が、無事に極楽というよい所に行けるとされるのです。

お経を唱える時に、お坊さんが木魚をたたきますが、これは、お経のリズムをとるほか、参列者たちのねむ気をさます役割があると言われています。

亡くなった人には、白い着物を着せます。これは、白が死を表す色だからです。

木魚。魚は目を閉じないので、ねむらないと考えられていたことから、修行僧のねむ気ざましとしても使われた。
©PIXTA

花よめはなぜ白を着るの？

結婚をする時、花よめは、白い着物を着ます。白という色には、どのような意味があるのでしょうか。

白い着物を着て、白い布（つのかくし）を頭にのせた花よめ。

©PIXTA

花よめが着る白い着物は、白むくと言うよ。

神道　生まれ変わることを表す

花よめが白い着物を着るようになったのは、平安時代からとも言われています。昔から白は、神聖な色とされ、亡くなった人に白い着物を着せるように、死を表す色でもありました。昔の花よめは、生まれ育った家を出て、結婚相手の家に入るものとされていました。花よめが、白い着物を着るのは、生まれ変わって、どんな色にも染まる（相手の家のやり方に従う）という決意を表していると考えられます。

生まれた家

とつぎ先

生まれ変わる

15

大みそかに除夜のかねをつくのはなぜ？

1年の最後の日、大みそかには、寺院（お寺）でかねをつきます。これを、「除夜のかね」と言います。このかねには、どのような意味があるのでしょうか。

大みそかに
お寺でかねをつく

大みそかにかねをついているようす。何人かで力を合わせてつくこともある。

写真／知恩院

仏教　心の迷いをはらうため

おしゃれ
したい！

あの人が
うらや
ましい

仕事したく
ない

思うように
ならない！

あの人は
きらい！

おかしが
食べたい

お金が
ほしい

勉強は
イヤ！

仏教では、人間は、さまざまな迷いやなやみを持つとされています。そして、人間の心をまどわせるものを「ぼんのう」と言い、人間が苦しむ原因は、ぼんのうがあるからだと説いています。

さらに、人間は、ぼんのうをはらうことで、さとりという段階に進むことができるとされています。

除夜のかねをつくことで、ぼんのうをはらっているのです。

108回かねをつく

「除夜」というのは、大みそかの夜のことです。1年のしめくくりとして108回かねをつくのが、除夜のかねです。仏教では、ぼんのうの数は108と言われていることによります。

ぼんのうの数には、このほかにも考え方があるよ。

欲
ねたみ
自まん
疑い
迷い
わがまま
いかり
悪口

108あるぼんのうをはらう

かねをつくとよいことが起こる

ゴ〜ン

お寺のかねは、「梵鐘」と呼ばれ、青銅や鉄でできています。かねつき堂につるされ、撞木という木の棒で打ち鳴らします。

かねをつくのは、本来は、その音を聞く者が、苦しみからのがれて、さとりに進むことができるようにとされています。そのひびきで、仏様のありがたい教えを、人々に広く知らせているのです。

また、時計のない時代には、朝夕に時刻を知らせるという役割も持っていました。

かねに書いてある文字の意味は？

お寺のかねには、文字が書かれていることがあります。これを「鐘銘」と言います。

鐘銘は、かねが置いてある寺院の説明や、かねをつくることになったいきさつが書かれた後に、仏様のありがたさや、かねをつくことでどんなよいことがあるかなどが書かれています。

寺院にあるかねつき堂。

かねと撞木。

かねに書かれている文字。

協力／玄国寺

バレンタインデーに チョコレートをおくるのは なぜ？

2月14日のバレンタインデーには、女性が男性にチョコレートをあげる習慣があります。この習慣には、どのような意味があるのでしょうか。

©PIXTA

バレンタインデーと言えば、チョコレートというイメージがあるね。

バレンタインデーが近くなると、デパートなどで、チョコレートの売り場が広げられる。

写真／PPS通信社

キリスト教 チョコレートは日本の習慣

バレンタインデーそのものは、キリスト教と関係がありますが、日本では、女性から男性にチョコレートをあげる日というイメージが強いですね。

日本でこのような習慣が行われるようになったのは、チョコレート会社のキャンペーンがきっかけでした。1958（昭和33）年、あるチョコレート会社が、ヨーロッパの風習をまね、チョコレートがたくさん売れるようにと、デパートで売り出しの企画をすすめたそうです。何年かするうちに、雑誌などでも取り上げられるようになり、女性が好きな男性にチョコレートをプレゼントする日として広まったのです。

聖バレンタインを祝う日

3世紀にローマ帝国の皇帝だったクラウディウスは、兵士たちに妻がいると、それを気にしてじゅうぶんに戦えないと考え、兵士の結婚を禁じていました。

キリスト教の司祭だったウァレンティヌス（バレンタイン）は、兵士たちをかわいそうに思い、こっそり結婚させてあげました。ところが、ウァレンティヌスは、それが原因で、処刑されてしまいます。後にウァレンティヌスは、恋人たちを守ってくれる聖人と考えられるようになり、かれが処刑された2月14日が、聖バレンタインデーという、キリスト教の記念日になったのです。

恋人などにおくり物をする日

やがて、ヨーロッパでは、聖バレンタインデーに、親子がカードを交かんする習慣が生まれました。そのカードは、愛についての教えや感謝の気持ちが書かれていたそうです。さらに、恋人や親しい人の間で、花やケーキ、カードなどのプレゼントをおくるようになりました。

20世紀には、女性が男性に愛を告白できる日とされるようになりました。日本での習慣も、これをまねたものですが、本来は、おくり物はチョコレートに限られているわけではありません。

ホワイトデーは宗教とは無関係

2月14日のバレンタインデーから1か月後の3月14日は、ホワイトデーと呼ばれ、男性が女性にお返しのプレゼントをする習慣があります。

これは、1970年代後半から始まったもので、マシュマロやキャンデーなどをおくることがすすめられていました。実は、ホワイトデーは、バレンタインデーのチョコレートをまねて、おかし会社が呼びかけたもので、宗教とは何の関係もありません。

ホワイトデーを宣伝するおかし売り場。　写真／アフロ

クリスマスにケーキを食べるのはなぜ？

クリスマスには、いろいろなかざりつけをしてお祝いします。家族でクリスマスケーキを食べることも多いのですが、どうしてケーキを食べるのでしょうか。

©PIXTA

家族でクリスマスを祝う。日本の家庭では、クリスマス・イブにケーキを食べることが多い。

©PIXTA

クリスマスの食事。ローストチキンが並ぶこともある。

クリスマスは、どんな行事か知っているかな？

キリスト教 ごちそうを食べてお祝いする

メリー・クリスマス！

クリスマスは、イエスの誕生を記念する日として、キリスト教を信じる人々の間では、大切な祝日です。お祝いとして、クリスマスの日またはその前日のクリスマス・イブにごちそうを食べる習慣があります。イギリスやアメリカでは、七面鳥のロースト（あぶり焼き）、フランスではローストチキンが代表的です。食後のデザートもごちそうのひとつで、各国で特色のあるデザートを食べます。

日本でも、この習慣をまねて、ケーキを食べる習慣が広まったものと考えられています。

クリスマスは、イエスの誕生を祝う行事

12月25日のクリスマスは、イエスの誕生を祝う日です。ただし、イエスが生まれた日は、聖書にも書かれていないので、イエスの誕生日がいつかはわかっていません。

この時期には、一年で最も昼の長さが短くなる日があります。これを冬至と言います。冬至は、この日を境に昼が長くなる節目の日であり、ヨーロッパでは、太陽の復活と考えてお祝いする行事が行われていました。

この行事が、イエスの誕生を祝う行事と結びついて、クリスマスの習慣ができたものと考えられています。

① イエスと…、
② 冬至の行事が結びついた。
③ クリスマスは、イエスの誕生日とされ…、
④ 現在のような行事になった。

宗教と意識しない時もある、日本のクリスマス

いただきまーす！

日本では、1900年ごろに、クリスマスに向けた大売り出しが行われ、じょじょにクリスマスが知られるようになりました。大正時代（1912～1926年）には、子ども向けの雑誌でも、クリスマスが取り上げられるようになりました。

現在のように、年中行事のひとつとしてさかんになったのは、1960～70年代です。家族や大切な人と過ごし、ごちそうを食べたり、プレゼントを交かんしたりする人が多いようです。ただし、キリスト教の行事であることを意識していない時もあるようです。

各国の特ちょうあるクリスマスのデザート

クリスマスに食べるデザートは、国ごとに特ちょうがあります。

フランスのビュッシュ・ド・ノエル（「クリスマスのまき」という意味）は、まきの形をしたロールケーキです。

イギリスでは、くだものや木の実、香しん料を入れたクリスマス・プディングを食べます。

margouillat photo / Shutterstock.com

bitt24 / Shutterstock.com

フランスのビュッシュ・ド・ノエル。

イギリスのクリスマス・プディング。

ドラキュラはどうして十字架がきらいなの？

　昼間はかんおけの中でねむり、夜になると外に出て、人間の血を吸うドラキュラは、十字架をきらうとされます。十字架にはどのような力があるのでしょうか。

ギャー！

映画の中の吸血鬼ドラキュラ。十字架を見せられると、にげていく。

写真／PPS通信社

©PIXTA

十字架。縦の棒と横の棒を組み合わせた形をしている。

キリスト教　神の力に弱い悪魔

　映画などに登場する、人の血を吸うドラキュラは、人の姿をしていますが、その正体は悪魔ということになっています。キリスト教で、悪魔はサタンと呼ばれ、神の敵であると考えられています。

　いっぽう、十字架には神やキリストの力が秘められているとされます。そのため、神の敵であるドラキュラは、十字架の力に弱いという設定なのです。

十字架に悪魔がきらう力があると考えられたんだね。

悪魔は去れ！

22

ドラキュラは小説の登場人物

ドラキュラは、19世紀末に、アイルランドのブラム・ストーカーという人が書いた『吸血鬼ドラキュラ』という小説に登場します。この小説では、ルーマニアに住むドラキュラ伯爵は、昼間はかんおけの中でねむり、日が落ちると起き出して人の血を吸うとえがかれています。ドラキュラは、十字架やニンニク、太陽の光をきらいます。

ドラキュラ伯爵は、15世紀にこの地方を治めていたヴラド3世という貴族がモデルと言われます。ヴラド3世は、敵の兵士や、自分に反対する貴族をくしざしにした、おそろしい領主だったという伝説がもとになっています。

吸血鬼のモデルはルーマニアの貴族

キリスト教を表す十字架

十字架が救いや復活を表す

キリスト教のもとになる教えを説いたイエスは、罪に問われ、十字架にかけられて処刑されました。イエスはその後、復活した（生き返った）というのがキリスト教の教えです。

こうしたことから、十字架は、キリスト教を表すしるしとされ、さらに、イエスによる救いや復活を表すようになります。そのため、十字架は、教会やキリスト教徒の軍のしるしにも使われました。

十字架に祈るのは、十字架を通して、神やイエスの力を授かるという意味があります。

十字を切って神に祈る

キリスト教を信じる人は、お祈りをする時、十字架を持つことがあります。ヨーロッパやアメリカのスポーツ選手などが、指で十字の形をえがくように胸の前で動かす姿を見たことがあるでしょう。

このような動作をすることを、「十字を切る（かく）」と言い、神への祈りのことばを口にします。十字を切って祈ることで、自分に神の力をあたえてほしいとお願いしているのです。

ただし、キリスト教の信徒の中のプロテスタントという宗派の人々は、この動作をしません。

©PIXTA

十字架を持って祈る人。

アラブ人の女性が、体を布でおおっているのはなぜ？

　アラブ人と呼ばれる人々の、大人の女性は、体を布でおおう姿が一般的に見られます。中には、ほぼ全身を布でおおっている人もいます。このような姿をするのは、なぜでしょうか。

全身を黒い布ですっぽりおおい、目と手足の先だけを出すアバヤを着た女性たち。

dinosmichail / Shutterstock.com

イスラム教　イスラム教の教えのため

　アラブ人というのは、アラビア半島や西アジア、北アフリカなどに住み、アラビア語を話す人たちをさします。アラブ人の多くは、イスラム教を信じています。イスラム教では、女性はつつしみ深くし、家族以外には目立たないようにしなければならないとされているのです。

　アラブ人でなくても、東南アジアなどでイスラム教を信じる人たちは、同じように体をおおう布をつけています。

　正確には、「アラブ人の女性」ではなく、「イスラム教を信じる女性」と言うほうがよいでしょう。

イスラム教は女性を大切にする!?

女性が自由な服装ができないなんて、イスラム教は女性を差別しているという意見もあります。

しかし、女性が体をかくすかっこうをするのは、男性が女性にまどわされないようにするため、女性が男性から変な目で見られたりしないためだとされます。また、砂漠地帯なので強い日差しからはだを守るために、黒い布で体をおおうという意味もあるようです。

体をおおう布は、女性を大切にするためとも言えます。イスラム教の教えによって、女性を守っているとも考えられますね。

イスラム教の教え

いろいろな女性の姿がある

女性が体をどれくらいおおうかは、昔からの地域の風習とも関係しています。地域によって、女性の服装にはちがいがあります。体をおおう部分によって、アバヤ、ヒジャブ、ヒマール、ブルカなど、さまざまな種類があります。イスラム教を信じる女性にとって、体をおおう布を着けることは、自分がイスラム教を信じていることを示す意味もあります。

danm12 / Shutterstock.com

モロッコの女性。かみの毛をおおうヒジャブという布を着けている。

thomas koch / Shutterstock.com

イランの市場。顔と手以外をおおうチャドルという布を着けている。イランはアラブではないが、風習は似ている。

イスラム教徒用の水着も

イスラム教を信じる女性用の水着もあります。ブルキニと呼ばれるもので、2004年に発売されました。

手足の先と顔以外はすっぽりおおうことができ、体の線が見えないよう、ゆったりしています。イスラム教の教えに合った水着です。

Luisa Puccini/ Shutterstock.com

ブルキニを着て水に入るイスラム教徒の女性。

お寺と神社はどうちがう？

私たちは、お寺（寺院）や神社におまいりをします。お寺も神社も、全国にたくさんあります。では、お寺と神社は、同じものなのでしょうか。それとも、何かちがいがあるのでしょうか。

お寺にある建物。　　　　　　写真／西新井大師

神社にある建物。　　　　写真／日枝神社

どちらにも行ったことがあるよね。

仏教　神道　お寺は仏教、神社は神道

お寺も神社も、宗教に関係する場所や施設です。どちらも建物だけでなく、建物をふくめた場所全体をさします。

お寺は寺院とも言い、仏教の施設です。仏教はブッダの教えに基づき、お祈りや修行をします。お寺は、そのための場所です。ひとつのお寺で最も大切にされる仏像などは、ご本尊と呼ばれます。

神社は、神道の施設です。神道では、たくさんの神様がいると考えます。神社は神様をまつっている場所です。「まつる」というのは、神様としてあがめ、大切にあつかうことです。それぞれの神社には、まつっている神様が決まっています。その神様が宿っていると考えられる鏡や剣などを、ご神体と呼びます。

お寺（寺院）
仏像などが置かれている。

神社
神様をまつっている。

お寺と神社の似ているところ、ちがうところ

　私たちは、お寺や神社に行って、お祈りをし、おさいせん（お金）を入れます。どちらにも、その場所を守る役割をする人がいますが、お寺にいるのは僧（お坊さん）や尼僧（尼さん）で、神社にいるのは神主さん（神職）やみこさんです。行事との関係で見ると、初もうでに行くのは神社で、除夜のかねをつくのはお寺です。葬式はお寺で行うことが多く、結婚式は神社で挙げることが多いですね。施設にあるものとしては、鳥居は神社に多いですが、お寺にもあるところがあります。お寺はアジアの各地にありますが、神社があるのは日本だけです。

お寺（寺院）

僧（お坊さん）　尼僧（尼さん）

大みそか

除夜のかねをつく。

仏像などが置いてある。

両手を合わせておがむ。

神社

神主さん（神職）　みこさん

お正月

初もうでに行く。

両手を打ち、頭を下げてお参りする。

神様がまつられている。

神様と仏様は同じだった？

　日本には、古くから、たくさんの神様がいるという考え方があり、これが神道のもとになりました。6世紀に仏教が伝わり、しだいに仏様をとうといものとする考えが広まりました。

　やがて、日本の神様は、仏様が姿を変えて日本にやってきたもので、もとは同じという考えがおこりました。このような考えから、神道と仏教が混じり合い、神社の中にお寺がつくられるようなこともおこったのです。

仏様　神様

仏像には種類があるの？

お寺（寺院）に行くと、仏像が置いてあるのを見ることがあります。よく見ると、仏像の姿や表情にちがいがあります。仏像には、どんな種類があるのでしょうか。

たくさんの仏像が並んでいる寺院。

所蔵／三十三間堂　写真／妙法院

仏教　たくさんの種類の仏像がある

　仏像というのは、仏様の姿を形に表したものです。では、仏様とは何かというと、仏教の教えのもとになった考えを説いたブッダという人をさします。仏教では、世の中の真実（真理）を知ることを「さとりを開く」と言い、とても大切なことと考えますが、ブッダは、さとりを開いた人として尊敬されています。

　ブッダが亡くなってから約500年たったころからその姿を形に表した仏像がつくられるようになり、やがて仏像をおがむことで、人々が救われるという考えがおこります。そして、仏様がたくさんいれば、それだけたくさんの人が救われると考えられるようになり、さまざまな種類の仏像がつくられるようになったのです。

仏像の例
（阿弥陀如来像）

らほつ
かみの毛。うず巻きに丸まっている。

法衣
衣。質素で、かざりはない。

れんべん
仏様が座る台。ハスの花をかたどっている。

光背
仏様の体から出る光。

肉けい
もり上がったところ。仏様が知恵深いことを表す。

びゃくごう
白い巻き毛。額の真ん中にあり、光を放って世界を照らす。

定印
指でつくっているしるし。

仏様のありがたさを表している

©2016 仏像ワールド

4種類に分けられる仏像

仏像には、仏様だけではなく、仏教が生まれたインドに古くから伝わる神々の姿を表す像も取り入れられました。そして、さまざまな種類の仏像がつくられるようになりました。

仏像は、大きく、如来、菩薩、明王、天部の4種類に分けることができます。それぞれ、姿や表情などに特ちょうがあります。

如来
正しくさとりを開いた人

仏様と同じです。像は、体をおおう布を着けているだけで、かざりはありません。頭の中央が盛り上がっています。写真は、阿弥陀如来です。

もり上がっている。

質素な衣。

所蔵／萬徳寺　写真／小浜市教育委員会

菩薩
さとりを開く前の修行中のブッダの姿

おだやかな表情で、上半身ははだか、かんむりなどのかざりを着け、手に持ち物を持つのが一般的です。写真は、観音菩薩です。

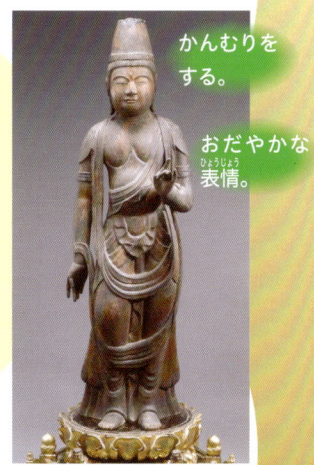

かんむりをする。

おだやかな表情。

所蔵／松福寺　写真／小浜市教育委員会

明王
仏様の使者

悪をたおし、人々を仏様の教えに厳しく導くため、いかりの表情で、かみはほのおのように立ち上がっています。手に武器を持っています。写真は、不動明王です。

武器を持つ。

いかりの表情。

所蔵／妙楽寺　写真／小浜市教育委員会

天部
仏様の教えを守る

もともとは古代インドの神様で、ゾウに乗る像、武器を持つ像など、さまざまな姿をしています。女性の神様もいます。写真は、大黒天です。

所蔵／本承寺　写真／小浜市教育委員会

手や指の形にも意味がある

仏像の手や指の形を、印相と言います。印相には意味があり、印相を見ると、その仏像が何をしているのかがわかります。

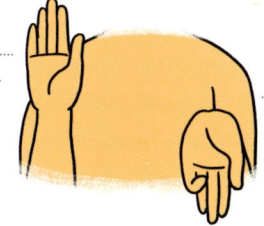

施無畏印
人々の恐怖を除き、救うことを示す。

与願印
人々の願いをかなえることを示す。

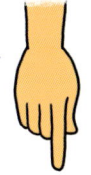

降魔印
悪いものを退け、仏様の力を示す。指先が大地にふれている。

説法印
ブッダが教えを説いている時の形。

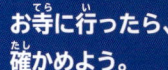

禅定印
めいそうし、さとりを開いていることを示す。

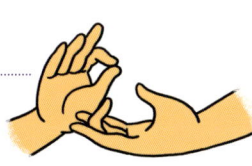

お寺に行ったら、確かめよう。

天国や地獄はあるの？

人が死ぬと、天国や地獄に行くと言われることがあります。天国や地獄は、本当にあるのでしょうか。あるとすれば、どのような所なのでしょうか。

きみはどう思うかな。

本当にあるのかな。

仏教　**キリスト教**　いろいろな宗教が説明

宗教では、私たちが生きている世界とは別の世界があるとしています。例えば、キリスト教では、人間が死んだ後に行く世界として、平和で豊かな天国と、苦しみが続く地獄の2つを示しています。

仏教では、生き物は、死んだ後に何度も生まれ変わるとされますが、さとりを開くことによって生まれ変わりからはなれ、浄土というすばらしい世界に行けると教えています。反対に、生きている時に罪を犯した人は、地獄という世界に行き、さまざまな苦しみを受けることになります。

キリスト教では、人は死後に、よい行いをした人は天国へ、悪い行いをした人は地獄へ行くとされます。ただし、軽い罪を犯した人は、煉獄という所へ行き、そこで罪を清めた後に天国へ行くそうです。

死後の世界を見た人はいないと思われますから、天国や地獄が本当にあるかどうかは何とも言えません。しかし、天国や地獄の存在を教えることで、人の正しい生き方を示すことは、宗教の役割のひとつと考えられます。

写真／伊豆極楽苑

キリスト教では、正しい行いをした人は、天国に行けるとされる。

さあ、こちらへ。

仏教が説く地獄のひとつでは、大きなかまでゆでられるという。

死んだ後は
どうなるの？

人間は死後、どうなるのでしょうか。いろいろな宗教で、人間が死んだ後にどうなるかが説かれています。

宗教によって、死んだ後にどうなるかの考え方がちがうんだ。

死んだ人を運ぶ、霊きゅう車。　　©PIXTA

 **仏教**　## 裁判を受けて次の世界へ行く

仏教では、死後の世界を説いています。それによると、人は死後49日間に7回の裁判を受け、生きていた時の行いによって、次に行く世界が決まるというのです。

最初の裁判の後、あの世に行くために、三途の川に向かいます。川のほとりには、年老いた男女の鬼が待ち構えていて、着物をはぎ取られます。川のわたり方は、裁判の判決によってちがいます。よい行いをした人は橋を通ってわたれます。罪が軽い人は浅い所を歩いてわたります。悪い行いをした人は、あれくるう急な流れを泳いでわたることになるそうです。

三途の川をわたってあの世へ

キリスト教　## 神の裁きを待つ

神の国へ

「最後の審判」で行き先が決まる

地獄へ

最後の審判

キリスト教では、人がこの世で生きるのは1回だけとしています。そして、死後は、天国、地獄、煉獄のどこかに行きます。

この世の終わりが来る時、すべての死者が復活し、神の裁き（審判）を受けます。そこで、「神の国」で永遠の命をあたえられるか、地獄で永遠に焼かれ続けるかにふり分けられるとされています。これを、最後の審判と言います。

お坊さんや尼さんは何をする？

お寺（寺院）には、お坊さん（僧）や尼さん（尼僧）がいます。何をする人なのでしょうか。

お寺でお経をあげるお坊さん（僧）。

写真／成田山新勝寺

人に説法をする尼さん（尼僧）。

写真／全日本仏教尼僧法団

仏教　仏教の教えを守り、出家した人

お坊さん（僧）は、仏教の教えを守り、出家した男性のことです。出家というのは、修行のために、一般の暮らしをはなれ、お寺などで暮らすことを言います。そして、出家した女性が尼さん（尼僧）です。

お坊さんや尼さんは、お寺で仏様に仕え、修行をします。また、一般の人々に、仏教の教えをわかりやすく説くこともあります。これを説法（説教）と言います。そのほかに、葬式や法事などの儀式や仏教のいろいろな行事を務めるという役割もあります。さらに、お寺を管理し、守っていくための仕事もします。

お寺を管理する立場にあるお坊さんや尼さんは、住職と呼ばれます。

僧や尼僧はお寺で修行する人たち

一般の暮らしからはなれる。

出家して、修行を続ける。

お坊さんや尼さんは、修行によって、さとりを開くことをめざしているよ。

鳥居としめなわの意味は？

神社には、鳥居やしめなわがあります。これらはどのような意味があるのでしょうか。

神社ではよく見かけるね。

鳥居

しめなわ

神社にある鳥居としめなわ。しめなわについている白い紙は、「紙しで」と言う。

©PIXTA

神道　神様がいる場所を示す

神社は、神道の施設で、神様をまつっている場所です。鳥居は、2本の柱が立ち、その上に、笠木と貫をわたしたつくりになっています。

これは、神様のいる場所の入り口を示す門と考えられています。

神様がいる場所は神聖な場所なので、人間が暮らす場所と区別しているのです。鳥居は、その形と字が示すように、鳥の止まり木と関係があるという説もあります。

神様がいる場所

笠木

貫

神様が宿っている目印

岩に、神様が宿っていることを示すしめなわが張られている。

©PIXTA

しめなわは、わらなどをより合わせて束ねたなわをなった（編んだ）ものです。鳥居と同じように、神様がいる場所であることを示す役割があります。

神道では、石や滝、木などにも神様が宿っていると考えます。しめなわは、神様が宿っているものや場所であることを表す時にも使われます。

お正月に、家の入り口にしめかざりをつけるのは、この時期に神様を家にむかえ入れていることを示しているのです。

お正月に、げん関にかざるしめかざり。

©PIXTA

神主さんや みこさんの仕事は？

神社には神主がいます。神主は、どのような仕事をする人なのでしょうか。また、神社のみこは、どんな仕事をしているのでしょうか。

伝統的な 装束をつけている

神社にいる神主さん（左）とみこさん（右）。

©PIXTA

神道　神様に仕え、祭りなどをする

神社は、神道の施設です。神社には、神職と呼ばれる人がいます。これは、ふつうには、神主と呼ばれる人です。

神職のうち、神社を代表する人を宮司、宮司を助ける人をねぎと言います。神職には女性もいます。

神職は、神様に仕え、祭りや儀式を行うほか、神社の管理や修理などの仕事をしています。

神職には位があり、位によって装束（着るもの）にちがいがあります。

神前結婚の儀式を行う神主。

Photo Resource Hawaii / PPS通信社

神主さんが、神様と人々の間に立つ

神社がまつっている神様に仕えることは、神職の大切な仕事です。

神様のいる場所である神社をきれいにし、神様にとって居心地のよい場所であるようにしています。これには、神様をおまいりする人々の気持ちを清らかにする意味もあります。

おまいりする人々は、「受験で合格しますように」、「家族が元気で過ごせますように」など、神様にいろいろなお願いをします。神職は、これらの願いを、おめでたいことば（「のりと」と言う）で神様に伝えます。

神職は、一般の人々と神様の仲立ち（間に立つ）をしているのです。

人々の願いごとを神様に伝える

神職は、「のりと」ということばで、神様にお願いをするんだ。

みこさんは、神様のことばを預かる

みこさんは、女性しかなれません。本来は、神様に仕え、神様のことばを預かるのが役目です。昔は、神様のために、かぐらという歌とおどりやお祈りなどをして、神様に降りてきてもらい、みこさんの口を通して神様のことばを預かりました。神職（神主）は、そのことばを、人々がわかるように伝えたのです。

明治時代になると、みこさんは、神職を助ける立場になりました。現在は、神職を助けるほか、かぐらをするなど、神社でのさまざまな仕事もしています。

かぐらのおどりをするみこさん。

写真／太宰府天満宮

神主さんになるには…

神職の資格は、神社本庁という団体が定めています。神主さんになるには、この資格が必要です。

神職につくには、主に2つの道があります。ひとつは、神道について学ぶ専門学科のある大学に進む道。もうひとつは、神職養成所で学ぶ道です。ただし、養成所に入るには、各都道府県の神社庁のすいせんが必要です。

神職をめざす学生たちの授業の一部。

写真／皇學館大学

十字架にはどんな意味がある？

キリスト教では、十字架が大切な意味をもっています。どのような意味をもっているのでしょうか。

教会の屋根の十字架。
©PIXTA

教会の祭だんに置かれている十字架（中央）。
©PIXTA

キリスト教　キリスト教のシンボル

イエスは、紀元30年ごろに十字架にかけられて処刑されました。当時、このような処刑は、国に逆らうなど、たいへん重い罪の人に対するものでした。

イエスは処刑の3日後、復活したとされています。これは、罪や死に打ち勝ったことを表すとして、後に十字架は、キリスト教を表すシンボル（しるし）となりました。さらに、十字架をおがむことが、キリスト教への信仰心を示すものとされました。キリスト教の教会の祭だんに十字架や、はりつけになったイエスの像がついた十字架がかかげられているのには、このような意味があります。

Granger / PPS 通信社

イエスは罪や死に打ち勝った!?

十字架には、罪や死に対する勝利という意味があるんだ。

カトリックとプロテスタントのちがいは？

キリスト教には、カトリックとプロテスタントがあります。どのようにちがうのでしょうか。

カトリックの教会はかざりが多く、重々しい造り。 ©PIXTA

プロテスタントの教会はかざりが少ない。 ©PIXTA

キリスト教　考え方のちがいがある

ヨーロッパにキリスト教が広まるうちに、国や地域によって、考え方が少しずつ変わっていきました。4〜5世紀ごろから、ローマ・カトリック教会と東方正教会に分かれました。ローマ・カトリック教会は、ローマ教皇（法王）が最高の立場にあり、その下に司祭、神父がいて、その下に信者たちがいます。やがて、ローマ・カトリック教会は、信者にしょくゆう状を売って資金を集めるようになりました。

しょくゆう状とは「罪をゆるすお札」という意味で、これを買えば、罪がゆるされるというのです。これに反対し、新しく生まれたのがプロテスタントと呼ばれる人たちです。プロテスタントは、イエスのことばを信じることで罪がゆるされるとして、カトリックのような上下関係も否定しました。同じキリスト教でも、カトリックとプロテスタントでは、教えに対する考え方のちがいがあるのです。

カトリック

しょくゆう状を買えば罪がゆるされ、神の国に行けるとした。

プロテスタント

カトリックのやり方に反対し、イエスのことばを信じることを説いた。

37

イスラム教の人は、たくさん奥さんをもらっていいの？

　日本やアメリカ、ヨーロッパなどの国々では、夫は、1人の妻と結婚することと定められています。しかし、イスラム教では、妻は1人とは決まっていません。それは、なぜでしょうか。

イスラム教を信じる人たちの祈り。

MikeDotta / Shutterstock.com

イスラム教の教えには、日本とはちがう習慣もあるんだ。

イスラム教　4人までは認められている

みんなを平等にあつかわなければならない。

　イスラム教では、結婚して子どもができることはイスラム教を信じる人々が増えるので、結婚は積極的にすすめられます。

　日本やアメリカ、ヨーロッパなどの国々では、一夫一婦制と言って、同時に結婚できる相手はは1人だけと定められています。

　これに対して、イスラム教の教えでは、男性は、4人までの女性と結婚してよいとしています。イスラム教徒が多い国では、この教えに基づいて法律を定めていることがあります。

　ただし、夫は、結婚した相手をすべて平等にあつかわなければならないとしています。

戦争で男性が少なくなったため

　1人の男性が、2人以上の女性を同時に妻にしてよいというのは、現代の私たちには信じられませんが、これには理由があります。

　イスラム教をおこしたムハンマドが生きていた時代（6〜7世紀）は、戦争のために多くの男性が死んでしまいました。そのため、夫を亡くした女性がたくさんいたのです。子どもをかかえ、夫を亡くした女性が生きていくことは簡単ではありません。イスラム教が、4人までの妻を認めているのは、夫を亡くした女性を助けるためだったと考えられます。

　ムハンマドにも多くの妻がいましたが、その多くは、夫を亡くした女性であり、ムハンマドは、どの女性にも平等に接したとされています。

戦争で夫を亡くした女性

女性を助けるために
4人まで妻を認める

現在は認められない国も

　多くの女性と結婚し、豊かな暮らしをするためには、それだけのお金がなければなりません。現実には、イスラム教徒でも、2人以上の妻を持つ男性はそう多くありません。

　まして、4人の妻を持てるのは、国王の一族のように、相当なお金持ちに限られるようです。

　また、イスラム教徒の多い国でも、トルコやチュニジアのように、法律によって、2人以上の妻を持つことを禁じている国もあります。

多くの人

経済力のある人

イスラム教の国の女性

　イスラム教の教えでは、女性は家にいてつつしみ深くなければならないとされているため、社会の中での地位は高くありませんでした。

　しかも、女性に教育は必要なく、会社などで仕事をするのはよくないとする考え方もあり、自動車の運転さえ禁止されている国もあります。

　いっぽうで、世界的に女性が社会で活やくする動きが進む現代では、イスラム教の国でも女性政治家の活やくが見られることもあります。

イスラム教の国トルコで、1993年から約3年間首相を務めたチルレルさん。

AP/アフロ

イスラム教って厳しいの？

イスラム教には、断食や礼拝など、厳しい決まりがあると耳にすることがあるかもしれません。ほかの宗教に比べて、イスラム教の教えは厳しいのでしょうか。

聖地を訪れることを、巡礼と言うんだ。

イスラム教の聖地、カーバ神殿（サウジアラビアのメッカ）。

Sufi / Shutterstock.com

イスラム教 信徒にとっては当たり前

どんな宗教でも、しなければならないこと、してはならないことが決まっています。このような決まりを、戒律と言います。

イスラム教には、次のような戒律があります。

●1日に5回、聖地であるメッカの方向を向いて祈りをすること（礼拝）。

●イスラムのこよみで9月の1か月間は、日が出ている間は食事をしてはならない（断食）。

●貧しい人々に、ほどこしをしなければならない（喜捨）。

●一生に一度は、聖地のカーバ神殿を訪れることが望ましい（巡礼）。

私たちから見ると、ずいぶん厳しい決まりのようですが、イスラム教の信徒には当たり前のことなのです。

イスラム教徒の祈り。

ESB Professional / Shutterstock.com

断食
日中は、食べ物や飲み物を口にしてはいけない。

喜捨
貧しい人にお金をあげる。

礼拝
1日5回、メッカの方向に祈る。

巡礼
一生に一度、メッカへ行くことが望ましい。

神道は宗教なの？

日本の神道は、キリスト教や仏教などとちがって、その教えをまとめた書物などはありません。そのため、神道は宗教とは言えないという意見もあります。

祭だんの前で、神様へのことばを述べる神主さん。

写真／日枝神社

神道　原始的な宗教と考えられる

宗教には、その教えを書いたものがあるのがふつうです。これを聖典と言います。キリスト教では聖書、仏教ではお経が聖典に当たります。

日本の神道の聖典に当たるものは、『古事記』と『日本書紀』です。神道は、自然を大切に思い、木や岩、山や滝など、あらゆるものに霊（たましい）が宿っていると考えます。このような考えは、アニミズムと言われ、世界各地で見られます。アニミズムは、古い形の宗教と言えます。その点で、神道は宗教と言ってよいでしょう。

那智の大滝（和歌山県）。高さ133mの滝は、古代から神が宿るとされてきた。今も、飛瀧神社のご神体（神が宿るとされるもの）としてあがめられている。

自然の中に神様が宿っている

ぬま

山

川

大木

神道では、あらゆるものに宿る神様をまとめて、「八百万の神」と言うよ。

41

ヒンドゥー教は身分のちがいを認めているの？

　ヒンドゥー教は、インドの国民の大部分が信仰している宗教です。インドには古くからカーストという身分制度がありました。ヒンドゥー教とカーストは関係があるのでしょうか。

ヒンドゥー教は
インド最大の宗教

canan kaya/ Shutterstock.com

ヒンドゥー教の信者は約9億人で、そのほとんどがインド人だよ。

インドのヒンドゥー教の人々。

ヒンドゥー教　カーストという身分制度がある

　ヒンドゥー教は今から3000年ほど前のインドにあったバラモン教がもとになり、形を変えてできた宗教です。インドにヒンドゥー教が広まったのは、4世紀ごろのことです。いっぽう、インドには、そのはるか昔から、カーストという身分制度がありました。ですから、カーストは、ヒンドゥー教の教えがもとになったわけではありません。

　カーストは、大きく4つの身分に分かれます。ヒンドゥー教では、古くからあるカーストに基づき、ある人の身分は、生まれ変わらない限り変えられないとしています。

　現在のインドの憲法では、カーストによる差別を禁止していますが、今もインド社会には、この身分制度が根強く残っています。

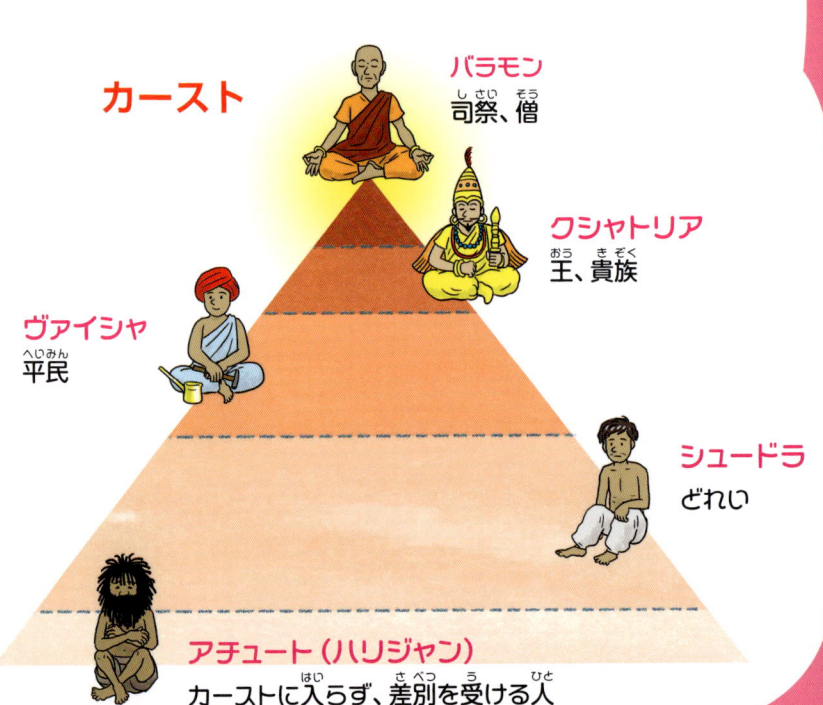

カースト

バラモン
司祭、僧

クシャトリア
王、貴族

ヴァイシャ
平民

シュードラ
どれい

アチュート（ハリジャン）
カーストに入らず、差別を受ける人

もとは「アチュート」と呼ばれたが、インド独立の父、ガンジーが、「ハリジャン（神の子）」と呼ぶようにさせた。

42

ヨーガは、ヒンドゥー教と関係があるの？

健康によい体操とされるヨーガは、インドで生まれました。ヨーガはヒンドゥー教と関係があるのでしょうか。

日本で行われているヨガの教室。健康によいとされている。

写真／Rire Yoga&Kids dance studio

ヒンドゥー教　ヨーガはヒンドゥー教の修行

インドでは、古くから、肉体と霊魂は別で、人間は死んだ後に生まれ変わり、永遠にこれをくり返すものと考えられていました。これを輪廻転生と言います。このくり返しからのがれることを、解脱と言い、そのためには、宇宙の真理を知らなければならないとされていました。このような考えは、ヒンドゥー教のもとになったバラモン教にあるもので、後にヒンドゥー教にも受けつがれています。ヒンドゥー教で、解脱をめざすために行われる修行のひとつがヨーガです。本来は、目を閉じて何も考えないようにして精神を統一するもので、仏教の座禅に当たります。現在日本でさかんに行われているヨーガは、健康やダイエットのためのものが多く、本来の姿とはちがっているものもあるようです。

生 → 死

解脱
輪廻から脱出すること。

死

輪廻

生

生

死

ヨーガをするインドの人。

OlegD/ Shutterstock.com

輪廻という考えは、古代エジプトや古代ギリシアにもあったんだよ。

三大宗教はどんな宗教なの？

キリスト教、仏教、イスラム教は、世界三大宗教と言われます。それぞれ、いつ、だれが開き、現在は主にどの地域で信仰されているのでしょうか。

宗教って何？

「宗教とは何か」という疑問に答えることは簡単ではありません。

「人はなぜ生きているのか」、「死んだ後はどうなるのか」など、人間の力ではわからないことがあります。それらを思い、人間はどう生きればよいのか、何を信じればよいのかなどについてのひとつの答えが、宗教の始まりということができるでしょう。

そして、同じものを信じる人たちの集まりが増えていくことで、宗教としての形ができます。そこに、決まりや共通して大切にするもの、施設などが備わります。こうして、しだいに宗教として整えられていくのです。

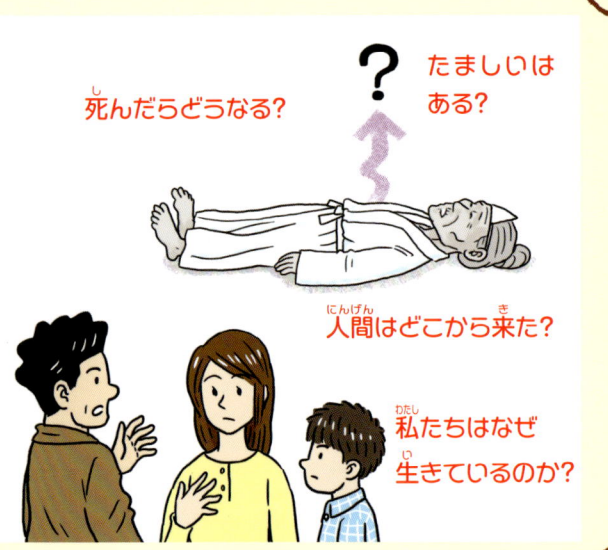

死んだらどうなる？

たましいはある？

人間はどこから来た？

私たちはなぜ生きているのか？

キリスト教　紀元30年ごろに、イエスが開く

●おこった場所…エルサレム
●現在、主に信仰されている場所…ヨーロッパ、北アメリカ、南アメリカ、オーストラリア、フィリピンなど
●信仰している人の数…約20億人

キリスト教は、紀元30年ごろに、現在のイスラエルにいたイエスの教えがもとになった宗教です。「キリスト」というのは、救世主という意味です。イエス＝キリストとは、「世界を救うイエス」という意味になります。

イエスは、イスラエルに古くからあったユダヤ教をもとに、教えを説きました。これが後に新しい宗教として広まったのです。

ヨーロッパ、アメリカなどを中心に、世界で最もたくさんの信徒がいます。

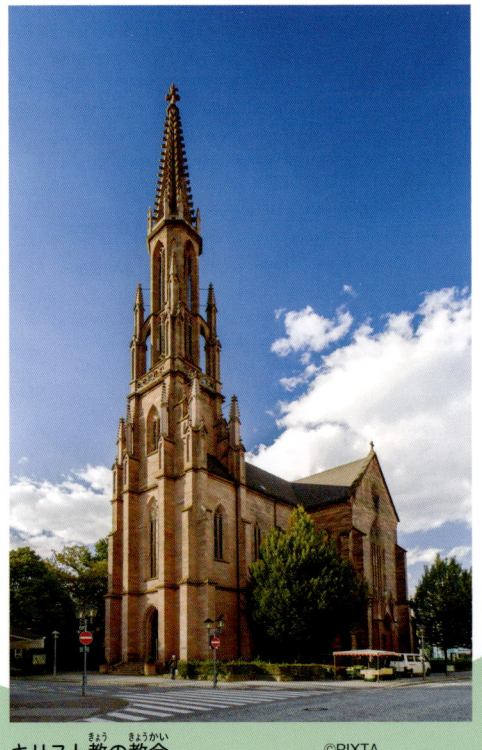

キリスト教の教会。　©PIXTA

仏教 紀元前6〜5世紀に、ブッダが開く

●おこった場所…インド
●現在、主に信仰されている場所…東南アジア、中国、朝鮮半島、日本
●信仰している人の数…約4億人

仏教は、インド（現在はネパール領）の王子だったゴータマ・シッダールタが、紀元前6〜5世紀に説いた教えがもとになっています。ブッダという名前を聞いたことがあると思いますが、ブッダとは、ゴータマ・シッダールタが世の中の真理を知り、さとりを開いた後の呼び方です。日本で「仏様」「おシャカ様」と呼ぶのも、同じ人をさします。

仏教は、インドのほか、中国、朝鮮、日本、東南アジアなどに広まり、さかんになりました。しかし、仏教がおこったインドでは、やがてヒンドゥー教に取りこまれておとろえました。現在は、信徒の多くはアジアの他の国々にいます。

日本にある仏教の寺院。

写真／成田山新勝寺

東南アジアのタイにある、ワットプラケオというお寺。黄金できらびやかにかざられている。

©PIXTA

イスラム教 紀元610年ごろに、ムハンマドが開く

●おこった場所…アラビア半島
●現在、主に信仰されている場所…中東、北アフリカ、中央アジア、東南アジア
●信仰している人の数…約16億人

イスラム教（本来は「イスラーム」と発音する）は、紀元610年ごろ、アラビア半島のメッカにいたムハンマドが、神のことばを預かったと自覚したことが始まりです。ムハンマドは、預言者として神のことばを伝えたとされます。預言者とは、未来のことを知る予言者ではなく、神のことばを預かる者という意味です。

イスラム教は、先に広まっていたユダヤ教やキリスト教をふまえ、唯一絶対の神を信じることを第一にしています。アラビア半島から、中東、北アフリカなどに広まり、一時はイスラム教を信じる人々による大帝国ができました。

現在は、世界の4人に1人くらいがイスラム教徒です。

イスラム教のお寺をモスクと言う。　©PIXTA

ムハンマドの姿をえがくことは、かたく禁じられている。

「教え」のちがいは？

宗教には、それぞれ中心となる「教え」があります。何を信じ、何を大切にするかということです。三大宗教について、教えを比べてみましょう。

どんな「教え」があるの？

宗教には、考え方や行いのもとになる教義（教え）があります。ある宗教を信じる人が共通して守っているものと言えます。

教えのもとになるのは、その宗教を開いた人のことばや書いたもので、後の人が会議などで話し合って認めたものもふくまれます。

教えを文章でまとめたものを教典・聖典と言います。宗教によっては、教典・聖典が何種類もあるものもあれば、まとまった教典・聖典を持たないものもあります。

また、同じ宗教で、大もとになる教えは同じでも、少しちがう考え方をもつ人の集まりは、宗派や教派と言って、区別されます。

考え方や行いのもとになる。

教え

キリスト教　神と隣人への愛の教えを守る

隣人愛

キリスト教は、唯一絶対の神を信じます。イエスは、神の子がこの世に現れたものととらえます。イエスは、神への愛と、隣人への愛を説きました。この場合の隣人とは、近所の人ではなく、考え方のちがう敵さえもふくみ、敵であっても、同じ人間として愛しなさいという意味です。神の前では人間はすべて平等とするのです。

「神は人間をふくめた世界をつくった。しかし、人間は罪を犯した。イエスは、人間の代わりに罪を負って処刑されたが、神によって復活した。イエスを救世主と信じる人は、世界の終わりに『神の国』に行ける」というのが、キリスト教の教えです。

『旧約聖書』と『新約聖書』が聖典

キリスト教の教えを書いたものが、聖書です。キリスト教は、それまでにあったユダヤ教をふまえておこり、神と人間の間で交わした契約を、イエスが新しくし直したとしています。そこで、イエス以前の聖典を『旧約聖書』、イエス以後の聖典を『新約聖書』と呼びます。

『旧約聖書』。ヘブライ語で書かれている。

『新約聖書』。ギリシア語で書かれている。

所蔵／日本聖書協会聖書図書館

仏教 修行することで正しく生き、優れた人になる

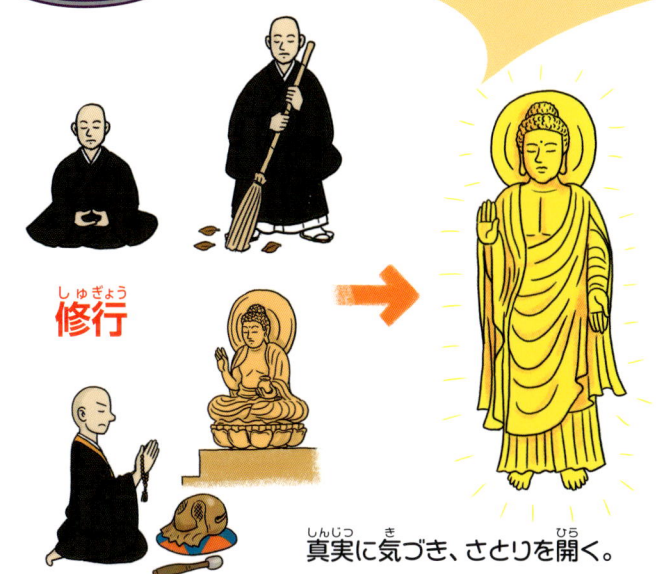

修行

真実に気づき、さとりを開く。

仏教が生まれた古代インドでは、すべての生き物は死ぬと、また別の生き物に生まれ変わり、永遠にこれをくり返すと考えられていました。これを輪廻と言います。仏教では、生きることは苦しみであると説くので、苦しみは永遠に続くことになります。そこで、輪廻からはずれ、苦しみからのがれることをめざします。これを解脱と言います。修行を積み、真実に気づくことでさとりを開き、解脱することができると教えているのです。さとりを開いた人がブッダ、仏様と呼ばれます。仏様とはさとりを開いた人のことで、神様とはちがいます。

仏教は、人が修行することで真実に気づき、正しく生きることをめざす宗教です。

ブッダの教えを書いたお経

ブッダは、その教えをいっさい書きのこしていません。ブッダが亡くなってから数百年間は、弟子たちが言い伝えましたが、やがて書物にまとめられるようになりました。これがお経（経典）で、仏教の聖典です。

仏教は、やがていくつもの宗派ができ、それぞれの宗派で経典がつくられました。

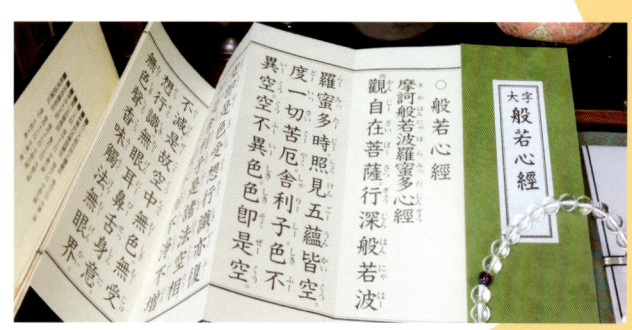

仏教のお経（経典）はたくさんの種類がある。　©PIXTA

イスラム教 信仰心を行動で示す

イスラム教は、キリスト教と同じく、唯一絶対の神を信じます。イスラム教では神は「アッラー」と呼びますが、これはアラビア語で「神」という意味で、アッラーという名前の神様ではありません。イスラム教では、アッラーの考えには絶対に従わなくてはなりません。アッラーは、すべての人に平等で、よい行いにはよいむくいをあたえ、悪い行いには罰をあたえるとされます。

イスラム教徒は、アッラーの教えを守り、それを行動で示さなければなりません。

『クルアーン（コーラン）』が聖典

イスラム教をおこしたムハンマドは、神様のことばを預かる預言者とされます。ムハンマドが預かったことばは、『クルアーン（コーラン）』という書物にまとめられました。これが、イスラム教の聖典です。

『クルアーン』はアラビア語で書かれ、神様のことばなので、ほかのことばには翻訳できないとされています。

イスラム教の聖典『クルアーン（コーラン）』は、アラビア語で書かれている。

©PIXTA

日本語や英語で書かれた『クルアーン』は、翻訳書ではなく、解説書とされているんだ。

祈りや修行のちがいは？

宗教には、祈りや修行（勤め）があります。それぞれの宗教では、教えを守り、目的を達成するための祈りや修行の方法が決まっています。どんなちがいがあるのでしょうか。

祈りや修行は何のため？

日本人の多くは、神社などで「健康でいられますように」、「勉強ができるようになりますように」などの願いごとをする時、だれ（何）に向かって祈っているかあまり気にしないようです。実は、神様や仏様にお願いをしているのですが、日本人にとっては神様は親しみやすいので、祈りも気楽なものなのでしょう。

いっぽう、キリスト教やイスラム教のように、唯一絶対の神を信じる宗教では、祈りは神に対するものと決まっています。祈りは、神との約束（契約）を意味する厳しいものです。

また、修行は、宗教の教えを守り、目的に近づくために、心や体をきたえるものと考えられます。祈りも修行のひとつだと言えます。

両手を合わせて祈る子ども。　©PIXTA

キリスト教 「アーメン」と唱える

キリスト教では、両手を組み合わせて神に祈るのが最も一般的です。この時、「アーメン」ということばを唱えます。「アーメン」は、ヘブライ語で「確かに」、「そうでありますように」という意味です。このほかに、「グロリア」「ハレルヤ」といった神をたたえることばもあります。

キリスト教には、苦しい修行はありませんが、心から神に祈ること、禁じられていることをしないこと、それらが修行と言えるでしょう。

両手を組んで祈る子どもたち。　©PIXTA

カトリックでは、祈る時にロザリオを使う。玉を通した輪に、十字架がつないである。

EsHanPhot / Shutterstock.com

あいさつの時に、「アーメン」ということばを使うこともあるよ。

仏教 お経を唱える祈り

©PIXTA

仏教には、宗派によっていろいろな修行があります。足を組んで座り、呼吸を整える修行である座禅、滝に打たれる滝行などです。これらには、精神をきたえて、自分でさとりを開くことをめざすという意味があります。

いっぽう、さとりを開いた仏様に対する祈りがあります。この時、お経をよんだり、お経の中のことばを唱えたりします（念仏）。お経や念仏は、宗派によってちがいます。祈ることで、仏教の教えを意識するほか、仏様に救ってもらおうと願うこともあります。

あちこちを回り、祈る僧（お坊さん）。修行のひとつで、たくはつと言う。

座禅をするお坊さん。　　写真／円覚寺

祈る時は、じゅずを使う

仏教で祈る時は、手にじゅずをかけます。じゅずは、人間のぼんのう（迷い）と同じ数の108の玉がついているものが正式ですが、少ないものもあります。

©PIXTA

イスラム教 メッカに向かって祈る

イスラム教徒は、1日に5回、聖地メッカに向かって祈ることが義務です。祈る時は、清らかな場所で、美しいしき物をしきます。

イスラム教の勤めには、断食、礼拝、巡礼などがあります。イスラム教徒は、巡礼以外は必ずしなければならないものとされています。

Titima Ongkantong/ Shutterstock.com
メッカの方向を向いて祈るイスラム教の人々。

Pete Burana/ Shutterstock.com
断食の月（ラマダーン）は、日がのぼっている間は飲食をせず、日がしずんでから飲食をする。

イスラム教の礼拝をサラートと言い、アッラー（神）をたたえることばを唱えながら祈る。

右手の人差し指をのばすのは、「神はアッラーだけ」ということを示す。

| メッカを向いて立つ。 | 耳に手を当てる。 | 手をへその前で組み、おじぎする。 | 地面に頭をつける。 | 立ち上がっておじぎする。 | 地面に頭をつける。 | 両手をひざにつけ、右手の人差し指をのばす。 | 首を左右にふる。 |

施設や聖職者のちがいは？

寺院（お寺）や神社は、宗教の施設です。このように、宗教には、それに関係した施設があります。また、施設を守る人（聖職者）たちがいます。

宗教の施設と関わっている人

多くの宗教では、祈りや修行、儀式などをする場所としての施設がつくられています。施設の名前は、宗教によってちがい、寺院、神社、教会、モスクなどと呼ばれます。また、その意味や内容も、少しずつちがっています。

これら、宗教の施設には、聖職者と呼ばれる人がいます。聖職者は、その宗教を信じる気持ちを強くもっていることはもちろんですが、より深くその宗教についての知識をもち、教えに近づき、一般の人々に伝え、導くことのできる人と認められなければなりません。

そうすることで、神（またはそれに似たもの）に仕え、神と人々の交流の仲立ちをすることができるのです。

神様

一般の
人々

聖職者
神と一般の
人の仲立ち
をする。

キリスト教　教会に神父や牧師などがいる

neneo / Shutterstock.com

ローマ教皇（法王）。カトリックの最高位の聖職者。

Paolo Bona / Shutterstock.com

カトリックの司祭。

キリスト教の施設は、教会と言われますが、建物自体は、正しくは教会堂と言います。同じ信仰をもつ人々が集まって、祈りをささげたり、儀式をしたりする場所です。

教会堂には、人々に教えを説いたり、儀式を行ったりする人がいます。カトリックでは、ローマ教皇（法王）が最高の聖職者で、その下に司祭、神父がいます。プロテスタントでは、すべての人は平等で、教会には牧師がいますが、教職者と呼ばれます。

ミサや結婚式を取り仕切る

キリスト教の聖職者（または教職者）は、教会にいて、キリスト教の教えを深く身につけています。教会では、ミサや結婚式、洗礼式などの儀式が行われますが、それを取り仕切ります。また、一般の人々にキリスト教の教えをわかりやすく説きます。

©PIXTA

教会は信者が
集まる場所で
もあるんだ。

仏教 　僧が寺院にいる

仏教の施設は、寺院（お寺）です。国や地域によって建物の形式はちがいますが、仏像や仏様に関係するものを置き、修行の場となっています。

仏教の聖職者は、僧（お坊さん）や尼僧（尼さん）です。僧や尼僧は、出家して修行をし、さとりを開くことをめざす人たちです。お寺で修行や仏様の世話をするほか、儀式を行います。また、人々に仏教の教えを説くこともします。

タイの寺院。修行中の少年僧がいる。
©PIXTA

日本の寺院には、同じしき地に墓地がつくられていることがある。
©PIXTA

修行をする僧。
©PIXTA

イスラム教 　像や絵はない

イスラム教の施設は、モスクと呼ばれ、祈りをする場所です。キリスト教や仏教とちがい、イエスや仏の像や絵画などはありません。これは、イスラム教が、神などの姿を、形のある（見える）ものにしておがむことを禁じていることによります。

また、イスラム教には、キリスト教・カトリックの司祭や仏教の僧に当たる聖職者はいません。これは、イスラム教が、神の前ではすべての人が平等であるとしているからで、キリスト教・プロテスタントと同じく、一般の人より神に近い人という考え方をしないからです。イスラム教の教えを深く学んだ人という立場で、ウラマーがいます。ウラマーは、聖職者というより学者と言ったほうがよいでしょう。

イスラム教のウラマー。
Asianet-Pakistan/ Shutterstock.com

モスクの中のようす。細かい細工のかざりはあるが、像や絵などはない。
Marcin Szymczak / Shutterstock.com

祭りや行事のちがいは？

宗教に関連した祭りや行事は、たくさんあります。これらには、どんな種類と意味があるのでしょうか。

祭りや行事は何のため？

祭りは、世界中で見られるイベント（行事）です。その多くは宗教と深く関係しています。祭りということばが、「まつる」から来ていることからも、宗教と関係が深いことがわかりますね。

祭りには、同じ宗教を信じる人々が集まって、にぎやかに行われるものだけでなく、静かに行われる儀式のようなものもあります。

祭りには、神様（またはそれに似たもの）と人々が交流することによって、信者同士のつながりをより深めるという意味があります。

ブラジルの最大の祭り、リオのカーニバル。

A.RICARDO / Shutterstock.com

キリスト教　最大の祭りは復活祭

キリスト教の祭りは、イエスや聖人に関係するものがたくさんあります。中でもイエスの誕生を祝うクリスマス、イエスの復活を祝う復活祭（イースター）、信者たちの上に聖霊が降りてきたことを祝う聖霊降臨（ペンテコステ）が、三大祝日とされています。そのほかに、公現祭、バレンタインデーなどがあります。

それぞれのお祭りでは、特別のかざりや決まった食べ物を用意して祝います。

キリスト教の主な祭り・行事

バレンタインデー
2月14日。聖バレンタインを記念する。大切な人とプレゼントを交かんする。

復活祭（イースター）
春分後最初の満月の後の日曜日。前夜から光の祭儀、聖書の朗読などが行われる。

聖霊降臨（ペンテコステ）
イースターの50日後に行う。国によって、お祝いのしかたがちがう。

クリスマス
12月25日。ツリーやリースをかざり、七面鳥などのごちそうを食べる。

イースター・エッグ（卵）。

Ufuk ZIVANA / Shutterstock.com

イースター（復活祭）には、ウサギが卵を運んでくるとされる。アメリカでは、かくされた卵（イースター・エッグ）を探すエッグハントというイベントが行われる。

Shout It Out Design/ Shutterstock.com

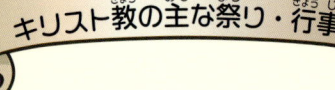

クリスマスが近づくと、ヨーロッパやアメリカでは、あちこちに巨大なツリーが登場する。

Cedric Weber/ Shutterstock.com

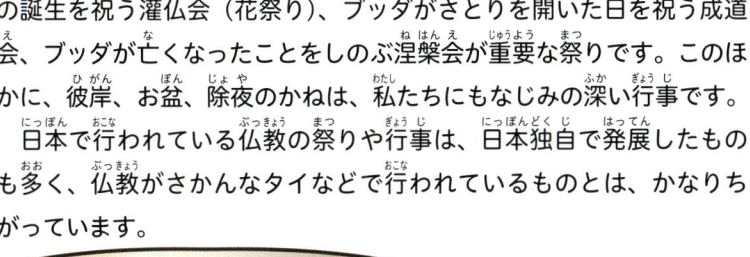 仏教 ブッダの誕生を祝う花祭り

　仏教では、ブッダ（おシャカ様）に関係した祭りを行います。ブッダの誕生を祝う灌仏会（花祭り）、ブッダがさとりを開いた日を祝う成道会、ブッダが亡くなったことをしのぶ涅槃会が重要な祭りです。このほかに、彼岸、お盆、除夜のかねは、私たちにもなじみの深い行事です。

　日本で行われている仏教の祭りや行事は、日本独自で発展したものも多く、仏教がさかんなタイなどで行われているものとは、かなりちがっています。

灌仏会では、ブッダが生まれた時の姿の像に甘茶をかける。

KPG_Payless / Shutterstock.com

仏教の主な祭り・行事

涅槃会
2月15日（3月15日のことも）。ブッダが亡くなったことをしのぶ。

灌仏会
4月8日。ブッダの誕生を祝う。花御堂というお堂に、ブッダが生まれた姿の像を置き、甘茶をかける。

成道会
12月8日。ブッダがさとりを開いたことをたたえる。

タイのヴィサカブーチャ。ブッダが生まれたことを祝う祭り。

Alamy / PPS 通信社

同じお祭りでも、かなりちがうね。

イスラム教 二大祭りを祝う

　イスラム教には2つの大きな祭りがあります。ひとつは断食明けのイード・アルフィトルという祭りです。断食が明けたことを祝うもので、断食月の次の月の1日に行われます。もうひとつはイード・アルアドハー（犠牲祭）です。羊、ヤギ、ラクダなどの家畜を神にささげ、その肉を家族や友人、貧しい人で分けて食べます。

イード・アルアドハー（犠牲祭）のよう。神にささげられる家畜が連れられていく。

©ZUMAPRESS/amanaimages

インドネシアのイード・アルフィトルのよう。特別礼拝に参加する信徒たち。

©Polaris/amanaimages

聖地や巡礼のちがいは？

宗教にとって大切な場所を、聖地と言います。また、聖地に行くことを、巡礼と言います。宗教によって、それぞれの聖地があり、巡礼する人々がいます。

聖地を巡礼することの意味は？

聖地は、聖なる場所という意味で、神聖な場所をさします。宗教にゆかりのある人が生まれた場所だったり、何かをなしとげた場所だったりします。

聖地は、人々がふだん暮らしている場所からはなれていることが多いようです。また、聖地であることを記念する建物や目印がつくられていて、巡礼をする人は、それをめざして行きます。人々は、しばらくの間ふだんの生活をはなれ、神聖なものに近づき、また元の生活にもどります。多くの宗教で巡礼があり、そのしかたが決まっています。

ユダヤ教、キリスト教、イスラム教の3宗教の聖地があるエルサレム。
Renata Sedmakova/ Shutterstock.com

キリスト教 エルサレムや大聖堂などの聖地

キリスト教では、イエスや聖人たちにまつわる場所が聖地になっています。イエスがいたパレスチナや、キリスト教が広まったヨーロッパに多くあります。

最大の聖地はエルサレムで、イエスが処刑されたゴルゴタの丘や、墓があったと伝わる聖墳墓教会などがあります。ヨーロッパには、ローマ・カトリックの総本山であるバチカン、大天使ミカエルのおつげで建てられたと言われるフランスのモン・サン・ミッシェル修道院などがあります。

Nacho Such/ Shutterstock.com

Iaranik / Shutterstock.com
バチカンにあるサン・ピエトロ大聖堂。

モン・サン・ミッシェル修道院。潮が引くと陸続きになって、わたることができる。

サンティアゴ・デ・コンポステーラの巡礼路。フランスからスペインを通る。
Nacho Such/ Shutterstock.com

仏教

寺院や仏教建築が聖地に

　仏教では、ブッダが生まれた地、さとりを開いた地、初めて教えを説いた地、亡くなった地を四大聖地としています。さらに布教した地などを加えて八大聖地とすることもあります。

　これらはすべて、現在のインドからネパールにかけての地域にあります。このほか、アジアの各地につくられた寺院や宮殿が聖地とされることもあります。

　日本での仏教の巡礼としては、現在も大勢がめぐる四国八十八か所巡礼（四国遍路）が有名です。

四大聖地のひとつ、ブッダガヤ（インド）。ブッダがさとりを開いた場所。
Vachira Sat/ Shutterstock.com

アンコール・ワット寺院（カンボジア）。もとはヒンドゥー教の寺院で、後に仏教の寺院に変えられたもの。
Sorin Colac/ Shutterstock.com

四国霊場のようす。巡礼する信者は、お遍路さんと呼ばれる。白い着物（白衣）と編み笠（菅笠）、つえが一般的。
写真／公益社団法人香川県観光協会

イスラム教

メッカのカーバ神殿への巡礼

　イスラム教最大の聖地は、サウジアラビアのメッカです。メッカには、ムハンマドが生まれた家やカーバ神殿などがあります。神殿の聖なるモスクを巡礼することは、イスラム教徒にとって最大の願いです。イスラム教のこよみの12月8〜10日には、たくさんの信者が巡礼にやってきます。

インドにあるタジ・マハールはイスラム教の王妃の墓。17世紀に建てられた。
saiko3p/ Shutterstock.com

イスラム教徒が神殿を回って祈る

メッカの聖なるモスクにあるカーバ神殿。信者たちは、神殿の周りを回って祈る。
Zurijeta / Shutterstock.com

さくいん

池上彰 監修！
国際理解につながる宗教のこと（全4巻）

監修　池上彰

1950年、長野県生まれ。大学卒業後、NHKに記者として入局する。社会部などで活躍し、事件、災害、消費者問題などを担当し、教育問題やエイズ問題のNHK特集にもたずさわる。1994年4月からは、「週刊こどもニュース」のおとうさん役兼編集長を務め、わかりやすい解説で人気となった。現在は、名城大学教授。

おもな著書に、『一気にわかる！ 池上彰の世界情勢2017』（毎日新聞出版）、『池上彰の世界の見方: 15歳に語る現代世界の最前線』（小学館）、『伝える力』（PHP研究所）、『池上彰の戦争を考える』（KADOKAWA）などがある。

● 編集協力
　有限会社大悠社

● 表紙デザイン
　木村ミユキ

● 本文デザイン
　木村ミユキ

● 表紙イラスト
　よしむらあきこ

● イラスト
　スズキサトル
　すぎうらあきら

● 図版
　アトリエ・プラン

● 参考文献
『国際関係がよくわかる　宗教の本①〜④』池上彰（岩崎書店）
『［図解］池上彰の 世界の宗教が面白いほどわかる本』池上彰（KADOKAWA）
『一冊でわかるイラストでわかる 図解現代史 1945-2020』東京都歴史教育研究会・監修（成美堂出版）
『一冊でわかるイラストでわかる 図解宗教史』塩尻和子 ほか2名監修（成美堂出版）
『一冊でわかるイラストでわかる 図解仏教』廣澤隆之・監修（成美堂出版）
『オールカラーでわかりやすい！ 世界の宗教』渡辺和子・監修（西東社）
『面白いほどよくわかる イスラーム』塩尻和子・監修、青柳かおる（日本文芸社）
『面白いほどよくわかる キリスト教』宇都宮輝夫 阿部包（日本文芸社）
『面白いほどよくわかる 神道のすべて』菅田正昭（日本文芸社）
『面白いほどよくわかる 聖書のすべて』ひろさちや・監修、中見利男（日本文芸社）
『面白いほどよくわかる 仏教のすべて』金岡秀友・監修、田代尚嗣（日本文芸社）
『「神」と「仏」の物語』由良弥生（KKベストセラーズ）
『教養としての仏教入門 身近な17キーワードから学ぶ』中村圭志（幻冬舎）
『佐藤優さん、神は本当に存在するのですか？ 宗教と科学のガチンコ対談』竹内久美子 佐藤優（文藝春秋）
『史上最強図解 橋爪大三郎といっしょに考える宗教の本』橋爪大三郎・監修（ナツメ社）
『常識として知っておきたい 世界の三大宗教』歴史の謎を探る会［編］（河出書房新社）
『詳説世界史』佐藤次高 木村靖二 ほか4名（山川出版社）
『詳説日本史』石井進 五味文彦 ほか12名（山川出版社）
『神社と神様大全』（宝島社）
『図解 いちばんやさしい三大宗教の本』沢辺有司（彩図社）
『図解 知っているようで意外と知らない お寺さん入門』渋谷申博 ほか（洋泉社）
『図解 知っているようで意外と知らない 神社入門』渋谷申博 ほか（洋泉社）
『図解 世界5大宗教全史』中村圭志（ディスカヴァー・トゥエンティワン）
『世界最新紛争地図』（宝島社）
『世界の宗教』村上重良（岩波書店）
『世界の宗教がまるごとわかる本』（枻出版社）
『世界の宗教は人間に何を禁じてきたか』井上順孝（河出書房新社）
『地図で読む世界史』柴宜弘・編著（実務教育出版）
『帝国書院 ＝ タイムズ 同時代史的 図解世界史』ジェフリー＝パーカー・監修、浅香正 新井桂子 ほか13名・訳（帝国書院）
『徹底図解 世界の宗教』島崎晋（新星出版社）
『何をめざして生きるのか？ 目で見る宗教』ドーリング＝キンダースリー・編、町田敦夫・訳（さ・え・ら書房）
『「日本人の神」入門 神道の歴史を読み解く』島田裕巳（講談社）
『プレステップ宗教学〈第2版〉』石井研士（弘文堂）
『もっとよくわかる 世界の三大宗教 かなり素朴な疑問・篇』歴史の謎を探る会［編］（河出書房新社）

池上彰 監修！
国際理解につながる宗教のこと
1巻 宗教のナゼナゼ

2017年2月10日　　初版発行

発行者　　升川秀雄
編　集　　松田幸子
発行所　　株式会社教育画劇
　　　　　〒151-0051　東京都渋谷区千駄ヶ谷 5-17-15
　　　　　TEL：03-3341-3400　FAX：03-3341-8365
　　　　　http://www.kyouikugageki.co.jp
印刷・製本　大日本印刷株式会社

56P 297 × 210mm　NDC386 ISBN 978-4-7746-2091-6

Published by Kyouikugageki, inc., Printed in Japan

池上彰 監修！
国際理解につながる
宗教のこと